DE

L'INDEMNITÉ DE CHARGE

DES MURS MITOYENS

DITE SURCHARGE

PAR

EUGÈNE SAINT-PÈRE

ARCHITECTE

MEMBRE DE LA SOCIÉTÉ CENTRALE DES ARCHITECTES FRANÇAIS

EXTRAIT DE *L'ARCHITECTURE*

ORGANE DE LA SOCIÉTÉ CENTRALE DES ARCHITECTES FRANÇAIS

PARIS

G. DELARUE, LIBRAIRE-EDITEUR

5, RUE DES GRANDS-AUGUSTINS, 5

1896

DE

L'INDEMNITÉ DE CHARGE

DES MURS MITOYENS

PARIS

IMPRIMERIE DE D. DUMOULIN ET Cⁱᵉ

5, rue des Grands-Augustins, 5

DE

L'INDÈMNITÉ DE CHARGE

DES MURS MITOYENS

DITE SURCHARGE

PAR

EUGÈNE SAINT-PÈRE

ARCHITECTE

MEMBRE DE LA SOCIÉTÉ CENTRALE DES ARCHITECTES FRANÇAIS

EXTRAIT DE *L'ARCHITECTURE*

ORGANE DE LA SOCIÉTÉ CENTRALE DES ARCHITECTES FRANÇAIS

PARIS

G. DELARUE, LIBRAIRE-ÉDITEUR

5, RUE DES GRANDS-AUGUSTINS, 5

1896

INTRODUCTION

A. — Des lois du bâtiment en général.

Nous avons tous admiré, au Palais de Justice de Paris, la noble figure due au ciseau de Guillaume, et la belle fresque d'Olivier Merson, qui ont, en 1877, décoré les abords de la Cour de cassation. La première représente le roi Louis IX rendant la justice sous le chêne légendaire ; la seconde, en lui donnant un cadre plus architectural, ne lui prête, comme accessoires, que deux ou trois petits manuscrits appuyés au socle de la cathédrale sur laquelle est assis saint Louis. En voyant un appareil aussi simple, nous nous demandons si, chez le grand monarque, l'esprit d'équité et le bon sens n'étaient pas les seuls éléments employés par le législateur et par le juge, pour redresser les abus et limiter les exigences des plaideurs. Mais l'histoire nous apprend que des bases avaient déjà depuis longtemps été établies à cet égard.

Nous ne parlerons pas, de peur d'être « renvoyé au déluge », de Moïse qui paraît être le premier législateur, et mentionnerons les Grecs et surtout les Romains, auxquels nous avons emprunté certaines lois inscrites principalement dans leur Code formé en 529 par Justinien, et les Institutes qui, portant son nom, ont été réunies sous la rubrique : *Corpus juris civilis*. Au moyen âge, Louis IX, malgré la simplicité d'appareil qui présidait à ses sentences, a lui-même codifié ses lois, et son recueil de « lois et ordonnances » a été publié en 1786 sous le titre de « Établissements de saint Louis ».

Depuis la période féodale jusqu'au commencement du dix-neuvième siècle, les provinces françaises furent soumises à un ensemble de « Coutumes » parmi lesquelles nous citerons le « Titre des servitudes, suivant l'ancienne Coutume de Paris, rédigée et accordée au mois de Mars 1510 », et la « Coutume de la prévoté et vicomté de Paris, rédigée au mois de février 1580 », dont l'article 197 traitait spécialement des *charges qui se payent au voisin.*

Généralement, un certain nombre de Coutumes est applicable à toutes les provinces ; distinguant, au contraire, celles qui visaient spécialement les villes et faubourgs, de celles concernant le reste du territoire, Napoléon Ier rédigea et promulgua, le 15 mars 1803, le « Code civil » qui nous régit actuellement. Depuis quatre-vingt-onze ans, c'est à ce Code civil que se réfèrent les tribunaux, obligés, même en cas d'insuffisance dans la loi, de rendre leurs jugements, en raison de l'article 4 du Titre préliminaire, ainsi conçu : « Le juge qui refusera de juger, sous prétexte du silence, de l'obscurité ou de l'insuffisance de la loi, pourra être poursuivi comme coupable de déni de justice. »

En rédigeant cet article, le législateur a reconnu implicitement que son Code, comme toute institution humaine, n'était pas une œuvre parfaite. Dans la série de ses 2 281 articles, un certain nombre d'additions aurait dû être fait pour combler des lacunes ; ailleurs des explications étaient nécessaires. Telle était sa pensée pour le présent, et il pressentait pour l'avenir que l'industrie du bâtiment, comme tant d'autres, devait s'enrichir d'une série d'améliorations formant, à l'égard des lois, de véritables néologismes. Leur réglementation devait provoquer des additions et des suppressions, suivant que les éléments qui y donneraient lieu se produiraient successivement ou deviendraient caducs. En un mot, son Code, en condensant divers articles des Coutumes, en en développant d'autres, était l'œuvre capitale du moment, mais restait éminemment revisable et susceptible, après une période plus ou moins longue, d'être refondu et remplacé par un nouvel ensemble de prescriptions adaptées aux circonstances nouvelles.

B. — Modifications dans la Jurisprudence.

En attendant qu'un nouveau code soit rédigé, conformément aux besoins du jour, nous sommes jugés, depuis 1803, par le Code civil, et le juge se trouve souvent dans la nécessité de l'interpréter. Il le fait en raison des changements apportés par l'usage ; il cherche à concilier l'esprit et la lettre de la loi. Pour atteindre ce but, il se laisse parfois entraîner à la suite des légistes compétents et dès commentateurs émérites ; il tient compte également des grands courants d'opinion appuyés sur la logique et l'équité ; enfin, dans certains cas, il n'a d'autre guide que sa propre inspiration, que son opinon personnelle : *Tot homines, tot sensus*. Il rend alors des *jugements d'espèce*, qui, groupés et coordonnés dans de nouvelles sentences, servent de base à une jurisprudence nouvelle, opposée à celle des années précédentes.

A titre d'exemple de ces transformations, nous ne citerons que la question des raccords à faire exécuter, dans le cas de réédification du mur séparatif ; ils ont été successivement attribués tantôt au constructeur et tantôt au propriétaire de l'héritage voisin. (Art. 655 et 657 C. C.)

C. — Rôle de l'architecte.

Émue des difficultés que pouvait causer l'interprétation des lois relatives aux immeubles, notre *Société centrale des Architectes français* avait publié en 1863 un « Manuel des lois du Bâtiment », largement développé et augmenté dans son édition de 1879. Ses commentaires, rédigés avec le concours de son Conseil judiciaire et des experts les plus accrédités auprès des tribunaux, ont maintenant besoin de quelques modifications ; une commission spéciale termine actuellement l'étude d'une nouvelle édition, où notre Société élucidera divers points et comblera des lacunes. Elle affirmera derechef sa compétence dans les questions si complexes de la mitoyenneté qui la mettent en relations avec l'élite du barreau. N'appartient-il pas, en effet, à l'architecte d'apporter le concours de son expérience pratique et de fournir des documents techniques à l'avocat chargé de présenter la cause ? On sait que le mur mitoyen, en séparant les deux héritages voisins, réunit le constructeur et l'orateur dans une sorte d'association de fait, dans laquelle ils étudient presque confraternellement les difficultés pendantes, et le premier indique une solution à proposer par le second au tribunal qui, forcé de juger, ne les « laissera pas tous deux au pied du mur ».

La Commission spéciale de la Société centrale, n'ayant pas encore réuni tous ses matériaux pour la prochaine édition de son Manuel, fait appel à tous les dévouements pour parachever son œuvre. Elle daignera donc agréer l'étude d'un confrère qui, à défaut d'écrivain spécial en la matière, a pensé pouvoir apporter sa pierre à l'édifice. C'est dans cet espoir que je me permets d'indiquer mon opinion personnelle sur un point qui me paraît insuffisamment traité jusqu'ici, et de demander la discussion et au besoin la réfutation de ma manière de voir la question de la « surcharge ».

INDEMNITÉ DE CHARGE

POUR LA SURÉLÉVATION DES MURS MITOYENS

§ I. — DÉFINITION DE LA SURCHARGE APPELÉE PLUS CORRECTEMENT « INDEMNITÉ DE CHARGE ».

La surcharge a été plutôt esquissée que déterminée par l'article 658 du Code civil, ainsi conçu : *Tout copropriétaire peut faire exhausser le mur mitoyen; mais il doit payer seul la dépense de l'exhaussement, les réparations d'entretien au-dessus de la hauteur de la clôture commune, et en outre l'indemnité de la charge, en raison de l'exhaussement, et suivant la valeur.*

Observons tout d'abord que, dans ce texte, il n'est question d'aucun genre de matériaux. Les divers modes d'exhaussement seront traités ci-dessous, dans un certain nombre de cas particuliers.

A son § V de ses commentaires de l'article 658 du Code civil (*Manuel des lois du Bâtiment*, édition 1879), la Société centrale des architectes français a défini nettement la surcharge : *L'indemnité de la charge est motivée par le dommage que cause au mur mitoyen l'exhaussement qui est présumé devoir en abréger la durée par son poids.*

Plus récemment, dans sa cinquième édition du *Précis de droit civil*, publiée en 1894, M. Baudry-Lacantinerie, doyen de faculté et professeur de droit civil, donne une explication plus précise :

Ces derniers mots, suivant la valeur. *signifient : suivant la valeur de l'exhaussement. La loi a supposé, ce qui sera vrai en effet le plus souvent, que la valeur de l'exhaussement est en rapport direct avec son poids, et elle a voulu dire que* l'indemnité à payer au voisin est proportionnelle à la surcharge imposée au mur, c'est-à-dire au poids de l'exhaussement. *En effet, plus ce poids est considérable et plus il*

fatiguera le mur, qui exigera désormais des réparations plus
fréquentes et sera menacé d'une destruction plus prochaine....

En raison de cet axiome, dont il faut maintenir l'énoncé
dans la prochaine édition de notre *Manuel,* on peut dire que,
si un mur séparatif, construit dans la majorité des cas en
moellon, est surélevé en moellon, l'indemnité de charge sera
proportionnelle au poids des moellons posés en exhaussement, et, par conséquent aussi, proportionnelle au prix de
ces moellons. Si la surélévation était faite en d'autres matériaux de poids et de prix différents, on les assimilerait,
comme nous le verrons en étudiant les divers genres de matériaux, aux moellons, qui, par leur ancienne et suffisante
adaptation à la construction des murs séparatifs, constituent
le type des matériaux de surélévation, et on appliquerait le
prix d'un cube de moellons égal en poids à la charge des
matériaux mis en œuvre. Le prix servirait de base à l'indemnité de charge.

§ II. — COEFFICIENT DE LA SURCHARGE D'APRÈS L'ANCIENNE
COUTUME DE PARIS.

Le coefficient ou quantum de la surcharge était fixé au
sixième par l'article 197 de la Coutume de Paris : *Les charges*
sont de payer et rembourser par celuy qui se loge et héberge
sur et contre le mur mitoyen de six toises l'vne de ce qui sera
basty au-dessus de dix piedz.

Cette expression, transformée selon le système décimal,
indique que le propriétaire A, adossé ou non au mur séparatif élevé de $3^m,20$ suivant la hauteur dite de clôture légale,
pourra réclamer à B, qui surélève ce mur de 9 mètres, le
sixième des 9 mètres, soit $1^m,50$ de la valeur du moellon.

Telle serait la quantité du mur surélevé à réclamer à titre
de surcharge, si l'usage n'avait pas modifié la Coutume de
Paris. En effet, dans le même § V de notre *Manuel,* à la suite
de l'exposé de ladite Coutume est jointe la restriction suivante : « Mais le Code civil n'a rien prescrit à cet égard. —
L'expérience a démontré que cette évaluation est exagérée

dans la plupart des cas, et que l'indemnité de la charge doit varier du sixième au douzième selon les circonstances. — « L'indemnité de la charge ne peut jamais égaler la valeur du mur chargé. »

Serait-il logique, si un mur de 3^m,20 de haut est surchargé de 19^m,20, de payer le sixième de ces 19,^{m}20, soit 3^m,20 ? Le mur inférieur étant encore utile au propriétaire pour lequel il ne servirait que de clôture, sa valeur totale devrait-elle lui être remboursée à titre de surcharge, par le constructeur, comme si ce dernier en avait immédiatement accompli la ruine complète ? Poser la question est déjà la résoudre, pour le cas d'un mur mitoyen neuf. *A fortiori* s'il était déjà fatigué, car sa valeur serait moindre que celle d'un mur neuf, et cependant c'est la valeur d'un mur neuf que le constructeur aurait à payer, à titre de dommages éventuels. *A fortiori* également si la surélévation, au lieu d'être de 19^m,20, était plus considérable, comme les nouveaux arrêtés préfectoraux le permettent actuellement pour les immeubles contigus à de grandes voies ou places publiques. Desgodets semblait

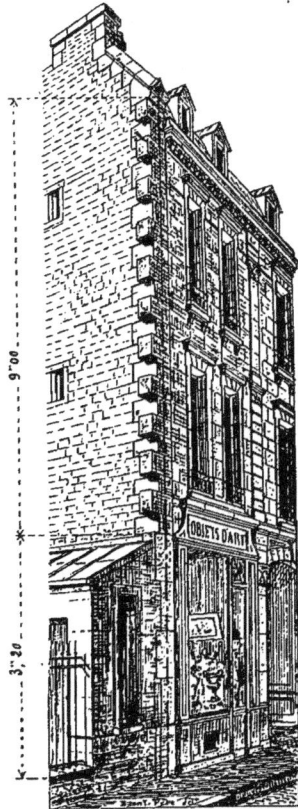

Surélévation en moellon
d'un mur séparatif.

lui-même pressentir que ces surélévations considérables, inusitées en son temps, deviendraient possibles, car il ajoutait : « Et comme il est permis à celui des voisins qui veut bâtir sur le mur mitoyen, d'élever si haut que bon lui semble, supposant que le mur de clôture soit bon pour porter le rehaussement... » Selon lui, le coefficient de l'indemnité à payer restait le même, quelle que soit la hauteur ;

car il continuait : « ... La Coutume, en cet article, ordonne que l'on paye les charges de six toises l'une, de toute la hauteur de ce qui est élevé au-dessus du mur mitoyen... et ce, pour les dédommager en quelque sorte du fardeau que souffre le mur mitoyen par le rehaussement que l'on y a fait. » Goupy, dans ses notes sur la Coutume de Paris, confirmait l'opinion de l'architecte royal, en disant : « ... Les charges sont toujours du sixième de la surélévation, en quoi la Coutume n'a point gardé de proportion. »

Si donc il est constant que l'indemnité de la charge, prescrite au sixième par la Coutume de Paris, a été souvent exagérée, comparativement à la fatigue causée au mur, nous allons voir comment, dans le dix-neuvième siècle, des usages plus rationnels ont obtenu force de loi.

§ III. — RÉDUCTION DU COEFFICIENT DE LA SURCHARGE.

Le législateur de 1803, en reproduisant le principe de la surcharge, a *sciemment* négligé d'en fixer le quantum, réservant aux juges le soin de combler sa lacune intentionnelle, et d'apprécier dans chaque espèce l'indemnité à allouer, *suivant les éléments de la cause.*

L'appréciation des magistrats a fait descendre petit à petit le taux de la surcharge, et la moyenne de leurs appréciations a été enregistrée dans notre *Manuel* (p. 187), indiquant que, suivant l'usage, « elle doit varier du sixième au douzième ». Cette réduction est encore insuffisante, comme nous allons le démontrer.

Si, dans l'exemple du paragraphe précédent, le mur de clôture était, quoique fatigué, suffisant pour porter l'exhaussement d'une hauteur six fois plus grande que la sienne, la dépréciation, causée par son état de vétusté ou sa construction peu soignée, pourrait atteindre le quart ou même la moitié de la valeur qu'il aurait dans de bonnes conditions. Néanmoins, on calculerait d'autre part l'indemnité de charge au minimum, par exemple, soit à un douzième de la hauteur de l'exhaussement. Or ce douzième d'un exhausse-

ment six fois plus considérable que la partie basse, corres-
pondrait à la moitié de cette partie, dépréciée de moitié,
c'est-à-dire que la valeur de la surcharge atteindrait exacte-
ment la valeur du mur séparatif, ce qui est contraire à l'esprit et à la lettre du commentaire précité : « L'indemnité de
« la charge ne peut jamais égaler la valeur du mur chargé. »
On ne peut admettre, en effet, que si le mur fatigué pouvait
durer, même avec la surcharge de l'exhaussement, encore un
certain nombre d'années, le constructeur en paye à titre de
surcharge la totalité, comme s'il était tout de suite complètement ruiné par le poids de la surélévation. On sait d'ailleurs
que, dans un mur quelconque, les influences atmosphériques
et les trépidations dues aux véhicules pesants sont des agents
de destruction bien plus puissants que la charge d'un poids
immobile et constant.

Si donc le douzième est souvent exagéré, sinon peut-être
pour un mur neuf, au moins pour un mur fatigué dit « en
état d'usage », ne devons-nous pas, dans notre prochaine édition du *Manuel*, accentuer encore cette réduction ? Nous
avions, en 1879, tenu compte du principe posé par la Coutume ; mais nous en avions atténué l'excessive exagération, que
n'avait pas voulu enregistrer le Code Napoléon. Il nous appar-
tient de faire, dans un sens plus favorable à l'essor de la construction, un nouveau pas en avant, en adoptant, par suite
des considérations ci-dessus, pour nouveau quantum de la
surcharge, un coefficient variable, suivant les cas, du dixième
au vingtième. En apportant cette nouvelle amélioration, nous
respecterions encore la tradition comme principe de la surcharge, et n'apporterions en application qu'une légère modi-
fication dans la jurisprudence, qui, nous l'avons montré au
§ B de notre introduction, nous fournit des exemples de
transformations complètes dans des sens absolument opposés
les uns aux autres.

§ IV. — SURÉLÉVATIONS EN MATÉRIAUX AUTRES QUE LE MOELLON.

A la fin de notre § I, nous indiquions succinctement la
manière d'appliquer le principe de la surcharge à des murs

en moellon dont la surélévation était également faite en moellon selon l'usage consacré à l'époque où a été rédigée la Coutume de Paris, et même à celle du Code civil. Nous indiquions aussi que, pour des surélévations en d'autres matériaux de poids et de prix différents, on devrait appliquer le *prix d'un cube de moellons égal en poids à la charge des matériaux mis en œuvre*. Nous allons étudier l'application de la surcharge à quelques-uns de ces divers matériaux.

1° **Pierre de taille**. — Les surélévations en pierre de taille ont été et seront, vraisemblablement, fort rares. Les anciennes peuvent, en ce qui concerne l'indemnité de charge, être atteintes par la prescription trentenaire, et le compte doit être considéré comme ayant été dressé et payé. Nous n'avons donc à raisonner que pour celles qui seraient d'origine récente, et nous devons le faire, au moins pour en tirer des déductions nécessaires au complément de notre étude.

Les pierres de taille sont considérées, dans les questions de mitoyenneté, comme matériaux de luxe. Notre *Manuel* de 1879, dans son commentaire V de l'article 663 du Code civil, renvoyait aux usages locaux pour le mode de construction et les dimensions des murs séparatifs, « la loi étant muette à cet égard ». Plus loin, nous lisons : « L'usage à Paris, aujourd'hui, est de construire en moellons les murs formant séparation entre maisons, et de leur donner 0^m,65 d'épaisseur en fondation et 0^m,50 d'épaisseur en élévation.... *L'emploi de matériaux d'une qualité supérieure est considéré comme luxueux*, et chaque voisin peut refuser d'en supporter la dépense, à moins qu'il n'en emploie lui-même de semblables dans sa construction. »

L'analogie la plus complète existe entre l'acquisition des matériaux à acquérir pour rendre mitoyen un mur établi luxueusement et l'indemnité à payer pour l'avoir surélevé luxueusement. Dans le premier cas, le voisin prend possession, pour s'y adosser, d'un mur en pierre de taille, en ne payant que la valeur des moellons qui auraient pu servir à sa construction. Dans le second cas, s'il surélève en pierre, il ne doit payer la surcharge que comme si elle était exécutée en moellon.

Le remplacement de la valeur de la pierre par celle du moellon est d'autant plus logique, que les poids de ces deux genres de construction sont presque les mêmes. En effet, si nous éliminons les basaltes, granites, pierres dures et marbres, que l'on n'emploie pas pour la construction des murs ordinaires, et si nous prenons au contraire les pierres tendres dites vergelés et autres assimilables indiquées au *Catalogue des échantillons de matériaux de construction réunis par les soins du ministère des travaux publics en 1878,* nous trouvons que la densité de quatorze de ces échantillons a varié entre 1,361 et 1,424, soit en moyenne 1,392. D'après Claudel, cette moyenne serait 1,427.

La maçonnerie aurait un poids spécifique, d'après le même auteur, de 2,000, et, d'après la Série de la Société centrale de 1893, de 2,100.

La maçonnerie pèserait donc un tiers environ de plus que la pierre, à volume égal, et nous pensons que le calcul de la surcharge, en ce cas, doit se faire en calculant le *poids* de la pierre de taille employée à l'exhaussement, puis en évaluant le *volume d'un poids égal de maçonnerie;* ce volume, réduit suivant le coefficient indiqué à l'un des §§ V ou VI, sera estimé *d'après les prix de règlement* de la Série de la localité et constituera l'indemnité de charge.

2° **Matériaux assimilables au moellon.** — Le très minime écart entre le poids des moellons, servant de base aux calculs des surcharges, et le poids des meulières, briques pleines, béton, pisé, torchis, plâtras ou matières analogues, donnera lieu à un raisonnement semblable, que nous n'indiquons que pour mémoire.

Nous observerons, en effet, qu'à l'époque où le Code civil et *a fortiori* la Coutume ont été établis, le moellon, la pierre et le pan de bois étaient à peu près les seuls matériaux employés pour la construction des murs. Depuis, on a renouvelé des Romains l'usage de la brique, dont l'excellente liaison et

l'homogénéité permettent de faire des murs de 0ᵐ,33, plus
solides que ceux de 0ᵐ,50 en moellon ; la meulière s'est
couramment substituée au moellon pour les murs séparatifs.
Le plâtras lui-même a été parfois employé pour de faibles
exhaussements. Ce sont de nouveaux matériaux, pour lesquels nous devons rompre, dans nos prochains commentaires, le silence du Code civil.

3° **Pan de bois.** — On sait que ce mode de construction a
été justement repoussé par tous les bons constructeurs, non
pas à cause de sa solidité, qui peut paraître suffisante dans
certains cas, mais à cause de sa combustibilité, qui s'oppose à
son emploi comme mur séparatif, d'après le § VIII de nos
commentaires de l'article 653 du Code civil, donnant à chacun des copropriétaires « le droit de demander que ce pan
« de bois soit démoli et remplacé par un mur en maçon-
« nerie, à raison du danger qui résulte de son existence en
« cas d'incendie ».

Mais si la démolition et reconstruction de ce pan de bois
n'est pas exigée, on en calculera la surcharge d'après les
bases ci-dessus, c'est-à-dire que l'on prendra le poids du pan
de bois avec son hourdis ; à ce poids correspondra un volume
de moellons dont le prix, réduit suivant le coefficient de
surcharge adopté, constituera le montant de l'indemnité de
charge.

4° **Brique creuse.** — La combustibilité, qui fait proscrire
le pan de bois n'existe pas pour la brique creuse ; celle-ci,
tout en offrant moins de solidité que la brique pleine et que
certains autres genres de maçonnerie, présente encore une
résistance suffisante pour surélever d'un étage et même de
plusieurs un mur déjà fatigué et hors d'état de porter un
poids considérable. Certains constructeurs ont cru pouvoir
interdire son emploi ; mais nous avons vu des exemples de
bonnes surélévations de ce genre, tacitement autorisées
d'après l'article 663 du Code civil, ainsi commenté à son
§ V de notre *Manuel :* « Le mode de construction et les
« dimensions des murs séparatifs, entre maisons, cours et

« jardins, restent fixés par les usages locaux et les règle-
« ments particuliers, la loi étant muette à cet égard. A
« défaut d'usages et de règlements, le législateur n'a pres-
« crit que des mesures de hauteur, applicables aux murs de
« clôture seulement. »

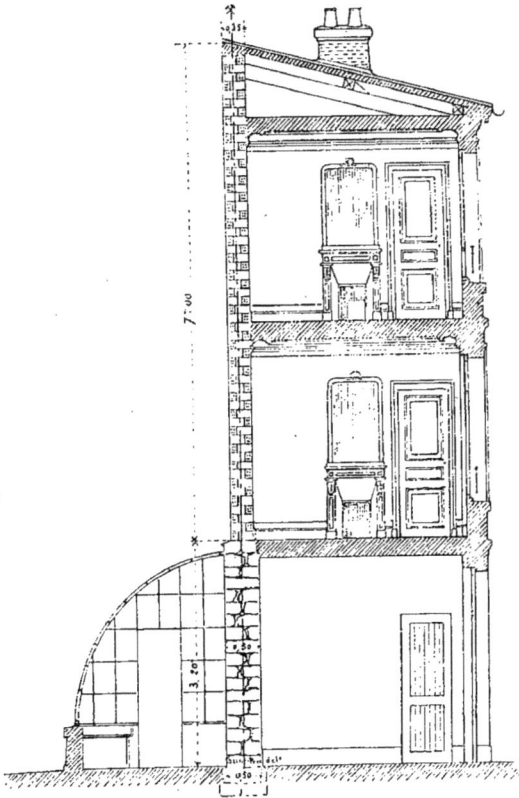

Surélévation en brique creuse d'un mur mitoyen.

Or la brique creuse présente l'avantage de ne peser environ que le tiers du poids de la brique pleine, tandis que
sa résistance est à peu près de moitié et son prix sensiblement le même.

La surcharge d'un pareil mur se traitera, comme nous
l'avons fait précédemment, en prenant pour base *le prix*
d'un mur en moellon, d'un poids égal à celui de la brique
employée.

5° **Exception pour les pans de fer.** — Les principes exposés pour les murs construits en moellon, pierre, meulière, béton, brique pleine ou creuse nous ont semblé applicables au pan de bois. Les premiers ont une telle similitude de poids et une telle homogénéité dans les diverses parties constituant un mur, que la charge se répartit également sur tous les points du mur inférieur. Nous avons pensé qu'il en était de même pour les pans de bois, qui, bien que composés de poteaux, éloignés parfois de quelques mètres, intéressaient également, par l'intermédiaire de leurs sablières, les diverses parties du mur ; d'ailleurs leur poids est relativement minime, et il n'y a pas à craindre généralement de voir se former des lézardes au droit des portées, dont l'écart est toujours assez rapproché. Nous le répétons, la combustibilité est le grave écueil du pan de bois ; c'est elle qui le fait le plus souvent rejeter comme impropre à la surélévation de murs séparatifs.

Il n'en est pas de même du pan de fer, créé il y a quelques années. Les poteaux, reliés par des briques, plâtras, etc., y sont peu nombreux et sont fort éloignés les uns des autres ; leur poids peut reposer sur des sablières rigides, répartissant la charge ; mais, le plus souvent, l'élasticité des fers horizontaux et surtout l'imperfection dans leur calage permettront à certains points de la plate-forme de reporter sur les parties correspondantes du mur inférieur la presque totalité du poids supérieur. Par suite, il se produit ou tend à se produire au droit des parties les plus chargées une série de lézardes plus ou moins graves qui compromettront la solidité du mur. Sa ruine anticipée ne sera pas compensée par l'indemnité de charge calculée même au coefficient maximum du sixième. Nous pensons que l'emploi du pan de fer, quel que soit son hourdis, quelles que soient également les précautions prises pour son établissement, telles qu'assises et chaînes en pierre incorporées au mur inférieur, sablières ou filets destinés à répartir la charge, etc., doit être considéré comme absolument défectueux pour la surélévation des murs ordinaires mitoyens. Il doit être interdit sans réserve, comme constituant, à cet égard, un véritable vice de construction et une véritable contravention aux règles de la conservation d'une propriété commune.

Ce principe posé pour un pan de fer unique formant mur mitoyen, peut s'appliquer au cas où deux pans de fer plus

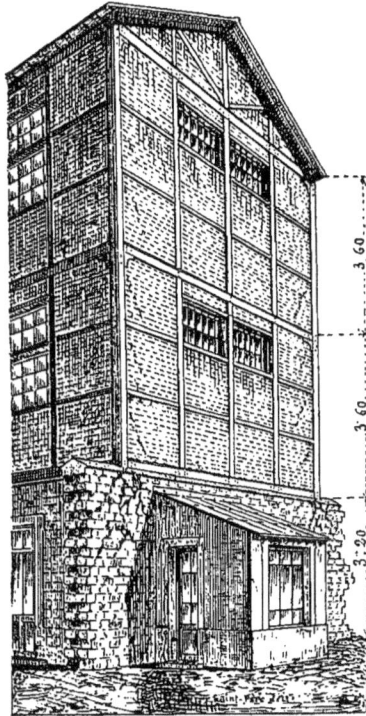

Pan de fer interdit pour la surélévation d'un mur séparatif.

ou moins juxtaposés, dont chacun resterait la propriété de l'héritage voisin. Notre confrère G. Lecomte, expert près le Tribunal civil, a très judicieusement démenti, dans la *Gazette des Architectes* de 1892, page 81, les inconvénients de ce système, préconisé par M. Liger.

6° **Filets en fer, chaînage, etc.** — L'exception que nous croyons imposable pour le pan de fer ne s'applique pas aux filets que l'on passe quelquefois pour relier et solidariser

dans sa longueur les diverses parties du mur inférieur.
L'emploi de pareils filets est un moyen habile d'éviter parfois la reconstruction d'un mur fatigué, et le propriétaire A
ne peut s'en plaindre, puisqu'il évite par ce moyen les dépenses et difficultés que causerait ce travail. L'indemnité de
charge, qui lui sera payée par B, d'après les principes ci-
dessus exposés, en assimilant l'épaisseur du filet à la construction en maçonnerie de la partie supérieure, sera pour
lui une ample compensation de la surcharge imposée au
mur commun, mis par ce moyen en état de porter la charge.

Il en sera de même des chaînes, ancres et tirants qui
pourraient être noyés soit entre le mur ancien et le mur
nouveau, soit à telle ou telle hauteur du mur en surélévation.

§ V. — GÉNÉRALISATION DES PRINCIPES CI-DESSUS.

Nous connaissons les divers matériaux employés jusqu'à
ce jour dans la construction, moellon, pierre, meulière, pan
de bois, brique pleine ou creuse, et quelques autres assimilables ; mais nous pouvons nous demander si ultérieurement
l'industrie du bâtiment ne mettra pas à notre disposition de
nouveaux produits d'un poids moindre, à résistance égale.

On a fait déjà des cloisons en débris de liège agglomérés,
incapables de porter le moindre poids et ayant même besoin
de soutiens pour se maintenir verticales ; mais des améliorations au point de vue de la résistance peuvent se produire
dans ce genre de matériaux et les rendre capables de constituer
un mur suffisant. La métallurgie nous a fourni des maisons
démontables en tôle d'acier. L'aluminium nous réserve-t-il
un nouveau mode de construction basé sur des panneaux
assemblés ? Les éléments pour pressentir de pareilles inno-
vations nous échappent.

En présence de cet aléa, nous ne pouvons que généraliser
la question. Nous pensons que dans le cas de nouveaux produits à l'usage du bâtiment, à l'exception des pans de fer ou
pans assimilables, au point de vue de l'inégale répartition
des charges, les principes que nous avons posés seront appli-

cables à la surcharge, si minime soit-elle, qui pourrait résulter de leur emploi en surélévation de mur séparatif. Il suffira de reprendre la même base : *prix d'un mur en moellon d'un poids égal au poids des matériaux employés.*

§ VI. — PRIX DES MATÉRIAUX DE L'EXHAUSSEMENT.

Il nous reste à déterminer le prix des matériaux de la surélévation servant de base à l'indemnité de charge.

Lorsqu'un mur séparatif récemment construit est surélevé en moellons ou matériaux assimilés au moellon, il est évident que le prix servant à l'appréciation de l'indemnité de charge doit être celui du moellon *neuf* coté aux Séries officiellement admises à l'époque de l'exhaussement.

L'emploi de matériaux *vieux*, en surélévation sur le mur neuf, ne saurait motiver une diminution du montant de l'indemnité, puisque la surcharge du mur inférieur ne dépend pas de la valeur marchande des matériaux employés à l'exhaussement, mais bien de leur poids intrinsèque, « qui est présumé devoir en abréger la durée ».

Enfin, la vétusté relative du mur inférieur ne doit pas modifier le prix des matériaux de la surélévation, puisque : 1° la surcharge matérielle restera la même avec des matériaux neufs ou vieux ; 2° dans les coefficients variables on peut choisir le plus faible, par égard à l'état de la partie basse ; 3° dans le cas de restauration ultérieure du mur inférieur, il faudrait établir un nouveau compte de surcharge, au prix du neuf, avec déduction du prix provisoirement fixé pour les matériaux vieux.

Dans toutes les hypothèses possibles, c'est bien le prix du moellon *neuf,* au moment de la surélévation, qu'il faudra prendre pour base de l'indemnité de charge.

§ VII. — APPLICATIONS NUMÉRIQUES.

Nous pouvons résumer les considérations précédentes par des formules faciles à chiffrer.

1° Soit un *exhaussement en moellon* ou en matériaux assimilables au moellon sur un mur mitoyen, avec les éléments suivants :

Hauteur de l'exhaussement. . . . . $h = 19^m,20$

Épaisseur. . . . . $e = 0^m,50$

Longueur. . . . . $l = 10^m,00$

Coefficient de charge (minimum). . . . . . $c = \dfrac{1}{20}$

Prix du moellon à la série. . . . . $s = 29$ fr. 55

L'indemnité de charge sera fonction du cube du mur, du coefficient de charge et du prix actuel du moellon, et s'exprimera algébriquement par

$$x = (v\,c\,s) = h\,e\,l\,c\,s,$$

et numériquement par

$$x = 19,20 \times 0,50 \times 10 \times \frac{1}{20} \times 29 \text{ fr. } 55 = 141 \text{ fr. } 84.$$

N. B. — Selon l'ancienne Coutume, la surcharge, calculée au sixième de l'exhaussement, aurait été

$$h\,e\,l\,c\,s = 19,20 \times 0,50 \times 10 \times \frac{1}{6} \times 29 \text{ fr. } 55 = 472 \text{ fr. } 80,$$

somme représentant, comme nous l'avions déjà indiqué § III, la valeur totale de la partie basse du mur commun, de $3^m,20$ de haut, réputé neuf.

D'après notre thèse, la surcharge dans les conditions ci-dessus (141 fr. 84) ne représenterait que les trois dixièmes de la valeur du mur mitoyen réputé neuf, estimation conforme au sens des commentaires de la loi.

2° Soit un *exhaussement en brique creuse* sur le même mur séparatif en état de vétusté relative, avec la plupart des éléments précédents et ceux relatifs aux densités :

Hauteur de l'exhaussement. . . . . $h = 9^m,00$

Épaisseur. . . . . $e = 0^m,45$

Longueur. . . . . $l = 10^m,00$

Densité de la brique creuse (en observant que sa densité est représentée par le poids apparent de son mètre cube). . . . . $D = 1\,200$ kil.

Densité du moellon . . . . $d = 2100$ kil.

Coefficient de surcharge (maximum). . . . $c = \dfrac{1}{10}$

Prix du mètre cube de moellon à la Série . . $s = 29$ fr. 55

Nous observerons que le poids du mur en brique creuse sera

$$P = (VD) = h\,e\,l\,D,$$

correspondant à un volume de moellon

$$v = \frac{P}{d} = \frac{h\,e\,l\,D}{d}.$$

Le prix de ce cube de moellon et le coefficient de surcharge appliqué à ce cube fourniront la valeur de l'indemnité de charge :

$$I = \frac{h\,e\,l\,D}{d}\,c\,s = \frac{9{,}00 \times 0{,}45 \times 10 \times 1200 \times \dfrac{1}{10} \times 29\ \text{fr. }55}{2100} = 68\ \text{fr.}39.$$

N. B. — D'après l'ancienne Coutume, l'indemnité, calculée au sixième, au prix de la brique creuse, 51 fr. 55, eût été 347 fr. 96, soit environ les trois quarts de la valeur du mur de clôture. Selon notre méthode, elle n'en est que le septième, ce qui est plus logique.

3° Si l'exhaussement du mur avait une première partie en moellon et une seconde en brique creuse, il suffirait d'additionner les deux surcharges successivement obtenues, comme nous l'avons vu ci-dessus, en tenant compte des poids respectifs, et l'on obtiendrait l'indemnité totale due pour cette charge mixte.

§ VIII. — DE LA CHARGE DES PLANCHERS, COMBLES ET POIDS VARIABLES.

Dans tout ce qui précède, le poids seul de l'exhaussement mural a servi au calcul de la surcharge du mur mitoyen. Abstraction a été faite du poids des planchers et combles adossés ; la Coutume, le Code civil et leurs divers commentateurs ont gardé, sous ce rapport, un mutisme d'autant plus logique que les anciennes travées en bois étaient peu étendues en surface, et par conséquent en poids, relativement à la charge des matériaux du mur. Nous allons examiner s'il conviendrait de provoquer des modifications aux usages, en introduisant un nouvel élément dans les comptes d'indemnité de charge, par suite des grandes travées, soit en bois, soit en fer, soit mixtes en bois et fer ; nous prendrons pour ces trois genres de construction un poids moyen de 150 kilos, comprenant le hourdis en plâtre, les lambourdes et parquet.

Soient cinq planchers, et un comble assimilé pour le poids à un sixième, de $4^m \times 12^m$, dimensions qui excèdent déjà la moyenne de celles en usage habituel, d'un poids total de 21 600 kilos. Deux hypothèses se présentent :

1° Si les pièces de charpente sont portées par deux murs (ou points d'appui analogues) plus ou moins obliques sur le mur mitoyen, celui-ci n'en subit aucune surcharge, et, par conséquent, aucune indemnité de charge ne saurait être réclamée.

2° Si les pièces de charpente portent sur le mur séparatif, avec ou sans interposition de chaînes en pierre, et sur un autre plus ou moins oblique au premier, chacun des deux supporte la moitié du poids total (21 600 kilos), soit 10 800 kilos, répartis, soit sur 4 mètres, soit sur 12 mètres de long, suivant que la plus petite dimension de la travée est dans le sens du mur ou en sens opposé. Or le poids d'un pareil mur construit en moellon, comme dans les exemples précédents, sur $19^m,20$ de haut, $0^m,50$ d'épaisseur, est de 76 440 ou 229 320 kilos, soit sensiblement de sept à vingt et une fois plus. Il paraîtrait donc logique d'augmenter d'un septième ou d'un vingt-et-unième l'indemnité de charge due pour l'exhaussement du mur, puisque le mur mitoyen est, en ce cas, surchargé non seulement du poids de l'exhaussement en moellon, mais encore du poids de ces planchers et comble qui ont motivé sa construction. Cette tendance à introduire le poids des planchers dans le compte de surcharge semblerait se justifier davantage si, pour des galeries de fêtes, des usines ou autres grands espaces, les travées étaient encore plus larges et, par suite, plus pesantes que dans notre

exemple. Mais, dans ces cas exceptionnels, les poutres se
poseraient certainement sur des assises de pierre incorporées
au mur séparatif et seraient vraisemblablement soulagées
par des colonnes ou des piles intermédiaires qui en rédui-
raient la portée.

Les constructeurs, en raison de ces éléments, ont, avec
raison, négligé cette surcharge des planchers, d'ailleurs
généralement minime ; en le faisant, ils ont eu plusieurs
autres motifs.

La surélévation d'un mur séparatif ne peut être modifiée
par un propriétaire sans que son voisin s'en aperçoive, tandis
que la portée des planchers peut être plus facilement chan-
gée ; quand primitivement les étages étaient élevés, on peut
les entresoler ou ajouter un plancher sur trois, en un mot
modifier, sans donner l'éveil, la valeur de la surcharge précédemment comptée, sans payer de nouvelle indemnité ; de
plus fréquentes contestations surviendraient à ce propos. En
dehors de cette considération, on se rappelle que l'indemnité
de charge était trop forte, même après la réduction que
l'usage a apportée à l'évaluation de la Coutume ; on a craint
aussi de compliquer le calcul et la rédaction des comptes de
mitoyenneté et surcharge. Par tous ces motifs, et d'autres
encore peut-être, on a considéré cette charge de planchers
comme quantité négligeable, et,

> Imitant de Conrard le silence prudent,

on a dû rester, à cet égard, aussi muet que la Coutume et le
Code civil.

Ce serait donc un tort de chercher à introduire dans les
comptes relatifs à l'indemnité de charge la surcharge pro-
duite par les planchers et combles.

Pareillement, on devra continuer à négliger comme minime, comparativement au poids de l'exhaussement du mur,
la charge de certains éléments additionnels. Les uns, sans
être généralement immeubles par nature, peuvent être con-
sidérés comme fixes ; ce sont les machines et outils d'une
usine, les coffre-sforts d'une maison de banque, les meubles

d'un appartement, etc. Les autres affectent un caractère de mobilité et de variabilité spéciales, telles que les marchandises d'une industrie, les réunions d'individus assez nombreuses et assez denses pour charger parfois un plancher d'environ 400 kilos par mètre carré, soit d'un poids double ou triple du poids du plancher même, etc. Suivant les destinations successives des locaux adossés au mur séparatif, faudrait-il modifier les comptes de surcharge précédemment réglés entre les parties ?

Évidemment non. Il faut et il suffit de conserver intact le principe de l'indemnité due pour la surélévation du mur, en ne tenant aucun compte des poids des planchers et de ce qu'ils ont à porter, d'une façon inamovible ou accidentelle, en raison de leur destination.

§ IX. — DÉBITEURS DE L'INDEMNITÉ DE CHARGE
(CAS PARTICULIERS).

1° **Cas général.** — Un mur peut être mitoyen, soit dans la simple hauteur dite de clôture légale, c'est-à-dire 3ᵐ,20 dans les villes et faubourgs, 2ᵐ,60 dans les autres localités, soit dans une hauteur supérieure à cette clôture, suivant l'héberge commune, c'est-à-dire jusqu'à la hauteur où est adossé le plus bas des bâtiments voisins. La différence entre cette héberge commune et le sommet du mur déjà construit depuis un temps plus ou moins long donne lieu, comme nous l'avons dit, à l'indemnité de charge que le propriétaire du bâtiment le plus élevé doit, ou a dû payer à son voisin. Ce principe est applicable à une surélévation récente aussi bien qu'à un exhaussement antérieur, non atteint par la prescription, dont nous parlerons à un paragraphe suivant.

2° **Reconstruction du mur mitoyen à frais communs.** — Si le mur mitoyen est *pendant et corrompu,* suivant l'article 205 de la Coutume de Paris, visé implicitement par l'article 655 du Code civil, sa reconstruction s'impose ; les frais sont partagés dans la hauteur d'héberge commune, et la reconstruction de l'exhaussement, bon ou mauvais, reste à la charge exclusive de celui qui s'en sert. Or ce dernier est réputé avoir jadis payé l'indemnité de charge pour la part de l'écrasement qu'il a produit sur le mur mitoyen. Chacun des deux voisins a donc joui également, selon ses droits et ses devoirs, du mur mitoyen, dont l'altération, peut-être anticipée par la charge de l'un d'eux, a été escomptée au profit de l'autre. Toute dette de ce chef est éteinte entre eux par le fait de la ruine. *Res perit domino;* nous ajouterons : *utrique.* Le nouveau mur remplaçant l'ancien doit présenter les mêmes chances de ruine pour les deux immeubles, et, comme l'un d'eux, plus élevé que l'autre, en accélérera la ruine, l'indemnité de charge doit de nouveau être payée au moment de sa reconstruction, pour compenser le « dommage que lui cause l'exhaussement ».

C'est donc avec raison que le § VIII de notre *Manuel* indique que « *l'indemnité de la charge doit être payée de nouveau* », pour tout l'exhaussement, reconstruit ou non, sur un mur mitoyen reconstruit.

3° Reconstruction du mur mitoyen par l'un des voisins. — Le mur mitoyen n'étant pas « pendant et corrompu » est suffisant pour l'un des voisins et insuffisant pour l'autre, qui le reconstruit à ses frais. Deux cas peuvent se présenter :

Dans le premier, la solution est inscrite au § IV, page 191 de notre *Manuel :* « L'indemnité de la charge n'est pas due par le copropriétaire qui a fait reconstruire à ses frais le mur mitoyen hors d'état de supporter l'exhaussement... Mais si, dans la suite, un nouvel exhaussement est ajouté au premier par ce copropriétaire, l'indemnité de la charge est due pour ce nouvel exhaussement. »

Dans le second, fort rare d'ailleurs, le copropriétaire de l'immeuble le plus bas fait reconstruire le mur séparatif à ses frais, sans appeler son voisin à une répartition de dépenses, non pas parce qu'il est déjà nécessaire de le refaire par suite de vétusté, mais parce qu'il préfère devancer cette époque, et en raison de question d'opportunité de travaux généraux à exécuter de suite dans son immeuble. Il est

évident que la surcharge de la partie haute ne doit pas lui
être payée de nouveau, puisque l'indemnité qui lui a été
versée antérieurement subsiste encore plus ou moins vir-
tuellement, en partie du moins, tant que la ruine complète
du mur n'a pas nécessité sa reconstruction.

4° **Reconstruction de l'exhaussement.** — La partie exhaus-
sée peut être reconstruite par celui qui l'a faite ou par celui
qui en achète la mitoyenneté.

Dans le premier cas, il n'y a pas lieu de réclamer une nouvelle surcharge. Article 658 C. C., § VII de notre *Manuel* :
« Lorsque l'indemnité de la charge a été payée en raison de
l'exhaussement et suivant la valeur, elle ne saurait être
réclamée de nouveau, sous prétexte que le copropriétaire
auteur de l'exhaussement l'aurait démoli et reconstruit, si
cette reconstruction a eu lieu en conservant, sans les augmenter, les dimensions du premier exhaussement, et en
employant des matériaux équivalents. » Toutefois, si la
reconstruction était plus lourde que l'exhaussement primitif, en raison de plus grande épaisseur ou de plus grande
densité, il y aurait lieu à faire pour la différence de poids
une nouvelle demande d'indemnité. Si au contraire la reconstruction était plus légère, nous pensons que le payement
primitif resterait « chose jugée » et qu'aucune déduction ne
pourrait être réclamée de ce chef.

Si la reconstruction de l'exhaussement est faite par le
propriétaire de l'héberge la plus basse, jugeant cet exhaussement insuffisant pour ses besoins, il en achète d'abord la
mitoyenneté suivant sa valeur, et le compte de surcharge
se règle d'après les principes posés pour le premier cas de
notre paragraphe intitulé : 3° *Reconstruction du mur mitoyen
par l'un des voisins.*

Nous ajouterons que, dans le cas de cession de l'immeuble
donnant lieu à une indemnité de charge, le vendeur doit
déclarer, par une réserve spéciale, qu'il entend obliger son
acquéreur à payer le compte présenté ou à présenter ; faute
de faire cette réserve, il en serait responsable tant qu'il ne

serait pas couvert par la prescription ci-dessous exposée. De son côté, l'acquéreur fera bien de s'assurer que tout compte de mitoyenneté et surcharge est réglé entre voisins de manière à n'avoir pas à en effectuer un payement ultérieur sans recours contre le vendeur, dans le cas où ce dernier tomberait en insolvabilité.

Rappelons aussi une polémique très courtoise, publiée dans la *Gazette des architectes* (1872, p. 139), entre M. Herbault et M. G. Lecomte, dont l'opinion fait autorité en la matière. Il en résulte que le propriétaire qui a droit à l'indemnité de charge pour exhaussement sur un mur séparatif vieux et fatigué serait mal fondé à l'abandonner ou à la refuser, pour laisser à son voisin toute la responsabilité exclusive de l'écrasement plus ou moins prochain du mur. En effet, le propriétaire qui a surélevé n'aurait qu'à faire des « offres réelles » pour être réputé s'être libéré des chances d'écrasement causées par son exhaussement, et avoir rétabli, par l'offre de cette indemnité, l'équilibre entre les chances communes de réparations et même de reconstruction que les deux copropriétaires doivent partager.

Nous ne pouvons analyser tous les cas qui se présentent en pratique, mais nous pensons que la plupart de ceux que nous n'avons pas étudiés ici doivent se traiter par analogie avec les différentes hypothèses considérées.

§ X. — PRESCRIPTION POUR LE PAYEMENT DE L'INDEMNITÉ DE CHARGE.

Le propriétaire auquel est due une indemnité de charge doit la réclamer dans un délai rapproché, sous peine de perdre ses droits; son débiteur peut en effet, au bout d'un certain temps que nous allons discuter, être dispensé de ce payement en invoquant la prescription.

Sans relever les critiques que certains esprits ont lancées contre ce mode de payement, qui ne doit être employé qu'avec bonne foi, nous rappellerons comment M. Bigot-Préameneu, conseiller d'État, l'a qualifié dans la séance du 17 ventôse

an XII : « De toutes les institutions du droit civil, la prescription est la plus nécessaire à l'ordre social. » M. Goupil-
Préfeln répondait, le 24 ventôse : « La prescription est la
conséquence de la présomption du titre de la propriété ou de
la libération; » il ajoutait : « Elle est le palladium de la propriété. » (Extrait des *Motifs et Discours prononcés lors de la
publication du Code civil par les divers orateurs du Conseil
d'État et du Tribunal*. F. Didot, édit., 1838.)

D'après l'article 2219 du Code civil, « la prescription est
un moyen d'acquérir ou de se libérer par un certain laps de
temps, et sous les conditions déterminées par la loi ».

Le bénéfice de cet article 2219 est applicable au propriétaire qui, ayant surélevé le mur séparatif, n'a reçu de son
voisin aucune réclamation pour l'indemnité de charge; or
nous pouvons nous demander quel est le « laps de temps »
nécessaire pour établir, en ce cas, la prescription légale, et
nous avons à étudier, pour l'espèce qui nous occupe, les
différents délais accordés par la loi ou les règlements. Nous
éliminerons d'abord, comme étrangers à notre sujet, les
délais de :

Six mois et un an pour les instituteurs, médecins, huis-
siers, marchands, etc. (art. 2271 et 2272 C. C.), modifié par
une extension à deux ans;

Deux et cinq ans pour les juges et avoués (art. 2273 et
2276 C. C.);

Trois ans pour les contributions (lois du 3 frimaire an VII
et du 16 thermidor an VIII);

Cinq ans pour les rentes, loyers, intérêts (art. 2277 C. C.);

Dix ans pour la garantie des constructeurs (art. 2270 C. C.);

Trente ans pour les prescriptions qui demanderaient un
délai plus long (Mesures transitoires, art. 2281 C. C.).

Il nous reste à examiner les prescriptions réglées par l'article 2265 sur l'acquisition d'immeubles faite de bonne foi,
l'article 690 sur l'établissement des servitudes, l'article 2262
sur les actions réelles et personnelles, l'article 2274 pour
l'interruption de fournitures, et l'article 658, commenté par

notre *Manuel* de la Société centrale, visant plus spécialement
l'indemnité de charge et la prescription y relative comme
dépense afférente à la propriété. C'est par cet article que
nous commencerons.

1° **Hypothèse de la dette de la propriété** (art. 658 C. C.).
— Le § IX de nos commentaires de l'article 658 du Code
s'exprime ainsi : « Le payement de l'indemnité de la charge
est une dette de la propriété et se prescrit par trente ans. »
Il se réfère à un arrêt de la Cour de cassation du 11 avril
1864. Or cet arrêt consacre le droit de surélever le mur
mitoyen, à charge par le constructeur de payer seul son
exhaussement, l'indemnité de charge et les réparations y
afférentes, malgré le préjudice que la diminution d'air et de
lumière pourrait causer à son voisin, et sans même avoir à
justifier de l'utilité pour lui de faire cet exhaussement. Aucun
considérant, aucune conclusion ne vise la prescription. Nous
craignons donc que dans l'édition de 1879 de notre *Manuel*
ne se soit glissée une erreur typographique dans l'indication
de cet arrêt, et, avant de nous prononcer sur la question de
la prescription trentenaire, qui ne semblerait applicable que
dans le cas de l'article 2262, étudié ci-dessous, sur les actions
tant réelles que personnelles, nous passerons aux considérations suivantes.

2° **Hypothèse de « servitude continue et apparente »**
(art. 690 C. C.). — Il est évident que la surélévation du mur
enlève au voisin une certaine quantité d'air et de lumière
dont il jouissait, et que son terrain est en quelque sorte
grevé d'une servitude.

C'est en partie pour ce motif que les reconstructions et
exhaussements de mur mitoyen ont été classés sous le titre IV
du Code, intitulé : « Des servitudes ou services fonciers. »
Mais nous observerons que sous le même titre figure aussi
le bornage, qui, n'étant que la constatation matérielle de la
ligne séparative de deux héritages voisins, ne saurait constituer une servitude proprement dite ; qu'il en est de même
des fours et forges, fosses et puits, etc., qui doivent être éta-

3

blis à des distances déterminées des murs séparatifs. Ce ne
sont pas là de véritables servitudes, comme l'écoulement
des eaux du fonds dominant sur le fonds servant, comme le
droit de passage à travers un héritage pour arriver à un
autre. Le législateur le savait bien, mais il lui eût fallu, soit
compliquer son Code, par l'addition d'un vingt-et-unième
titre, spécial peut-être aux mitoyennetés, soit choisir dans
les vingt titres auxquels il est réduit celui qui leur convenait
le mieux. Prenant cette seconde détermination, il a considéré que la construction d'un mur séparatif crée pour le
propriétaire qui n'en a pas besoin pour le moment une sorte
de servitude discontinue ou plutôt momentanée, et il a pré-
féré avec raison ranger sous le nom de « services fonciers »
le mur mitoyen et son exhaussement, sans énoncer toutefois
que de pareilles constructions constituaient des servitudes
proprement dites.

Nous devons également considérer que, d'après l'article
544 du Code civil, « la propriété est le droit de jouir et
disposer des choses de la manière la plus absolue, pourvu
qu'on n'en fasse pas un usage prohibé par les lois ou règlements », et que les lois, loin d'interdire les exhaussements,
les autorise nettement. Nous remarquerons la différence de
rédaction entre divers articles relatifs aux questions de voi-
sinage. Art. 678 : « On ne peut avoir des vues droites.... »
Art. 679 : « On ne peut avoir des vues par côté.... » Et le
législateur se contente de mitiger ses prohibitions par les
correctifs suivants : « s'il n'y a six pieds de distance.... »
Loin de là, pour la construction d'un mur séparatif et de son
exhaussement, non seulement il n'interdit rien, mais au
contraire il indique très affirmativement, par son article 658,
que « tout copropriétaire peut faire exhausser le mur mitoyen » ; et il ajoute simplement la réserve suivante : « mais
il doit payer seul la dépense... l'indemnité de la charge en
raison de l'exhaussement et suivant sa valeur. » Dans un
cas, il défend la chose, en principe, pour la tolérer à certaines conditions ; dans le second, il confère un droit absolu,
en indiquant simplement les conséquences qui doivent en

résulter. Si donc le droit de surélever est absolu, on peut, selon l'article 544, « disposer des choses de la manière la plus absolue », et, en le faisant, on ne grève pas de servitude le fonds voisin.

D'ailleurs si nous remontons à l'origine du mur séparatif, nous voyons que chacun des propriétaires du sol d'héritages contigus est absolument maître chez lui de chaque côté de la ligne séparative. Il peut (art. 552) « faire au-dessus toutes les plantations et constructions qu'il juge à propos, sauf les exceptions établies au titre des servitudes ou services fonciers ». Il peut aussi (art. 647) « clore son héritage, sauf l'exception portée en l'article 682 », ce dernier article visant les fonds enclavés. — Cette clôture faite, dans le principe, à côté de la ligne séparative, sur le terrain appartenant exclusivement au propriétaire qui a besoin de se clore, avait causé bien des difficultés pour le *tour d'échelle*, que certaines coutumes locales évaluaient à 0ᵐ,75, d'autres à 0ᵐ,95, et que d'autres coutumes rejetaient absolument en principe. Aussi le Code de 1804 a-t-il bien fait en l'abolissant par son article 653 : « Dans les villes et campagnes, tout mur servant de séparation entre bâtiments jusqu'à l'héberge, ou entre cours et jardins, et même entre enclos dans les champs, est présumé mitoyen, s'il n'y a titre ou marque du contraire. » C'est à partir de cette promulgation du Code que le mur séparatif est devenu d'une façon générale mitoyen, son axe correspondant à la ligne séparative des héritages voisins, avec les droits et devoirs qu'entraînent son entretien ou sa réfection, sans compter l'avantage résultant pour les copropriétaires de la diminution de perte de terrain pour chacun d'eux. On peut donc dire que la disposition légale de ce mur annule l'effet de certaines servitudes, tours d'échelle et autres, que les coutumes avaient plus ou moins admises. A *fortiori* elle ne constitue pas une servitude proprement dite.

Nous pouvons confirmer ces assertions en observant que, le mur séparatif étant une propriété commune et indivisible, la surélévation autorisée par l'article 658 du Code civil au profit de l'un des copropriétaires doit, par mesure de bonne construction, être faite, non pas sur l'une des demi-épaisseurs de ce mur, mais en faisant correspondre l'axe de l'exhaussement avec l'axe de la partie basse, comme il est dit dans notre *Manuel,* au § III. En agissant ainsi, le constructeur agit selon son droit et n'impose à son voisin qu'une condition réciproque dont celui-ci peut user dès le jour qu'il veut construire lui-même ; l'inconvénient de cette quasi-servitude (mot que nous n'employons que sous toutes réserves), au profit de ce que nous serions tentés d'appeler, pour suivre l'hypothèse rejetée en principe, le « fonds dominant », serait compensé par une servitude égale au profit du « fonds servant ». Autrement dit, cette servitude est absolument virtuelle ; elle pourrait tout au plus, au point de vue du Code, être considérée comme discontinue, et, par suite, la prescription, même trentenaire, ne peut lui être appliquée, car, d'après l'article 691, « les servitudes continues non apparentes et les servitudes discontinues, apparentes ou non, ne peuvent s'établir que par titres ».

Par tous ces motifs, ce serait à tort que l'on envisagerait cette hypothèse de l'établissement d'une servitude avec un payement réputé effectué par prescription trentenaire.

3° **Hypothèse de l'acquisition d'immeubles.** — Lorsqu'un propriétaire joignant un mur séparatif déjà surélevé par son voisin s'adosse à ce mur, dans une hauteur moindre que cette héberge, il peut, soit par négligence, soit par mauvaise foi, omettre de dénoncer son intention de prendre possession du mur dans la hauteur supérieure à la clôture ; la légèreté de sa construction peut lui permettre d'avoir ainsi pris possession de la partie appartenant à son voisin, sans que celui-ci s'en doute immédiatement. Le hasard seul révélera, dans ce cas, l'existence du bâtiment ayant motivé cette tacite prise de possession, et l'on pourrait admettre que, malgré l'opinion de Desgodets et de Goupy, citée ci-dessous, la loi ait pu assigner un délai de trente ans, et non de dix, pendant lequel le payement relatif à son usurpation pourra lui être réclamé dans ce cas particulier, bien que ce laps de temps puisse paraître trop long. Réservons cette question incidente, pour laquelle aucun jugement n'a, croyons-nous, fourni d'antécédents en la matière ; nous ne l'avons mentionnée que comme élément de comparaison avec le cas suivant.

Si, au contraire, le propriétaire débiteur de la surcharge a, pour sa nouvelle héberge, surélevé lui-même le mur séparatif, le bruit des divers corps d'état, les éclaboussures de plâtre et mortier, la chute inévitable de petits débris, etc., ont été, pour son voisin ou ses représentants, des indices certains de l'exécution de ses travaux; une certaine diminution de jour ou au moins de vue lui a révélé la présence de l'exhaussement et l'a mis à même de réclamer la valeur du mur dont le constructeur a pris possession. Cette occupation, au lieu d'être clandestine comme dans le cas précédent, est apparente, et le propriétaire de l'héritage voisin ne peut être sensé l'avoir ignorée ; il est réputé avoir consenti sciemment la cession de la partie du mur qui, lui appartenant, soit en propriété exclusive, soit en commun, doit subir une ruine plus rapprochée par suite de l'exhaussement dont une partie lui est due par ce fait à titre d'indemnité de charge. Il a fait en quelque sorte une cession d'une partie de son héritage ; et s'il ne réclame pas la valeur de la partie vendue de fait, ce n'est que par négligence, et non par ignorance. Cette cession nous paraît, à l'égard de la prescription, être rangée parmi les cessions d'immeubles désignées à l'article 2265 : « Celui qui acquiert de bonne foi et par juste titre un immeuble en prescrit la propriété par dix ans, si le véritable propriétaire habite dans le ressort de la Cour d'appel dans l'étendue de laquelle l'immeuble est situé, et par vingt ans, s'il est domicilié hors dudit ressort. » Autrement dit, le propriétaire dont le mur a été surélevé par son voisin aurait dix ans (ou vingt ans, s'il n'habite pas dans le ressort de la même Cour d'appel) pour constater cette surélévation et lui réclamer l'indemnité de charge.

4° **Hypothèse des actions tant réelles que personnelles** (art. 2262 C. C.). — Si, d'après le précédent paragraphe, le constat de la surcharge et la réclamation de l'indemnité de charge doivent être établis dans un délai de dix ans (pouvant exceptionnellement être doublé), nous pensons que le compte établi dans ce délai devient une dette de la propriété, et que, par assimilation à toute dette reconnue par un acte sous seing privé, ou extra-judiciaire, un jugement, etc., le payement ne doit en être couvert que par la prescription trentenaire, à dater de l'établissement du titre constituant la dette. C'est là, pensons-nous, ce qu'a visé le § IX de nos commentaires de l'article 658, étudié plus haut, bien que nous ayons combattu comme une simple coquille l'origine même et la conclusion de ce commentaire.

5° **Hypothèse des fournitures, livraisons, services et travaux** (art. 2274 C. C.). — Il est évident que, bien que le mur séparatif continue à rendre les *services* qu'on en attend de part et d'autre, son service est unique et continu, n'ayant aucun rapport avec celui que le Code assimile aux fournitures périodiques ou discontinues. Cette hypothèse doit donc être rejetée, comme ne pouvant s'appliquer au cas d'exhaussement du mur séparatif.

Résumé de ces diverses hypothèses. — L'étude de ces cinq hypothèses nous a amené à ne considérer comme applicable au cas de surcharge que la troisième, *acquisition d'immeuble,* en la divisant en deux cas, suivant que le copropriétaire du mur mitoyen s'appuie sur une partie du mur déjà surélevée par son voisin, ou qu'il surélève lui-même le mur séparatif. Dans le premier cas, nous pensions que l'interprétation des textes aurait peut-être pu donner lieu à un délai de trente ans pour la prescription, et réservions la solution de cette question après celle du deuxième cas, pour lequel le délai de dix ans nous a paru certain. Nous pensons qu'à défaut de textes précis et de jugements en la matière, la jurisprudence, loin de scinder en deux parties la question, doit la généraliser et la simplifier autant que possible. Le premier cas doit, après l'étude du deuxième, y être identifié ; en un mot, nous déduisons des considéra-

tions ci-dessus exposées, et confirmées plus loin par divers
auteurs, que, d'une façon générale, la prescription est de dix
ans pour l'établissement du compte de surcharge, dont le
payement sera prescrit lui-même comme nous l'avons vu
dans notre § IV, confirmé par la *Remarque* suivante.

Remarque sur l'interprétation de la Coutume. — Remon-
tant du Code Napoléon à la Coutume qui lui a donné nais-
sance, nous rencontrons une contradiction apparente entre
sa rédaction et son interprétation par ses commentateurs.

D'une part, l'article LXVI de la Coutume accordée le
27 mars 1510 fixe le délai à dix ans dans le cas où il y a
un « titre » à l'héritage : « *Par ladite Coustume, si aucun a
jouy et possédé d'aucun héritage* à juste tiltre *et de bonne
foy, tant par luy que par ses prédécesseurs dont il a le droit
et cause, franchement et sans inquiétation d'aucune rente
par* dix ans *entre présens et* vingt ans *entre absens, aagés et
non privilégiez, il acquiert prescription d'icelle rente.* » L'article LXVIII assigne trente ans dans le cas où il n'y a pas de
titre : « *Item, si aucun a jouy, usé et possédé d'aucun héritage, par l'espace de* trente ans *continuellement, tant par luy
que par ses prédécesseurs, franchement, publiquement et
sans aucune inquiétation, supposé qu'il ne face apparoir du
tiltre, il a acquis prescription entre aagés et non privilé-
giés.* » Les articles CXIV et CXVIII de la Coutume de 1650
reproduisent tout l'esprit des deux articles ci-dessus.

D'autre part, l'édition de 1802 des *Lois des bâtiments suivant la Coutume de Paris.... enseignées par M. Desgodets....
avec les notes de M. Goupy,* en reproduisant aussi l'esprit des
articles ci-dessus, donne l'explication sur cet article 114 :
« *5° La prescription de* dix ans *a lieu pour décharger d'un
remboursement d'un mur non mitoyen, contre lequel le
voisin aurait adossé un édifice ; comme aussi pour* prescrire
les charges *dues pour avoir exhaussé et élevé au-dessus d'un
mur commun et mitoyen : lesquels remboursements et charges,
et ceux auxquels ils sont dus, n'en peuvent prétendre le
payement contre le voisin, les* dix années *expirées après la*

construction de l'édifice, s'ils ont gardé le silence, et n'ont fait aucune demande en justice pendant ledit temps. »

L'explication de Desgodets et de Goupy assigne dix ans pour le délai de prescription de mitoyenneté et surcharge, sans titre, bien que la Coutume en exige un. Cette contradiction n'est qu'apparente. En effet, le titre voulu par la Coutume pour établir la prescription est implicitement contenu dans le titre de la propriété, qui peut s'acquérir ou se transmettre, d'après le Code civil, « par succession, par donation entre vifs ou testamentaire, et par l'effet des obligations » (art. 711 C. C.), « par cession » (art. 1265), « par la vente » (art. 1582), et aussi « par accession ou par incorporation, et par prescription » (art. 712). Quelle que soit son origine, ce titre de propriété, qui sous-entend, sans les mentionner, divers droits, tels que celui de « jouir et disposer des choses » (art. 544), de « faire au-dessus toutes les plantations et constructions » (art. 552), etc., comprend implicitement aussi le droit de « faire exhausser le mur mitoyen » (art. 658). Ce dernier article, tacitement compris dans le titre de propriété, renferme, outre le droit de surélever, l'obligation « de payer... l'indemnité de la charge, en raison de l'exhaussement, et suivant la valeur ». Les droit et devoir de l'article 658 existent dès l'origine du titre, qui les consacre tacitement ; le propriétaire peut faire l'exhaussement quand bon lui semblera, sans avoir besoin d'un titre spécial ; son devoir commencera le jour où il usera de ce droit, c'est-à-dire quand il surélèvera, et c'est de ce moment qu'il devra l'indemnité de charge. C'est aussi de ce moment que le compte de surcharge devra être établi par son voisin, dans le délai de dix ans, sous peine de se le voir refuser par voie de prescription, parce qu'il y a là un juste titre qui, tout en étant tacite, n'existe pas moins, et que ce titre qui sous-entend le droit existe lui-même depuis dix ans ou plus. On voit donc que la Coutume et l'interprétation de Desgodets et de Goupy sont d'accord, et que la contradiction apparente n'est pas réelle dans le fond.

Loin de voir la doctrine de Desgodets et de Goupy combattue par d'autres auteurs, nous lisons dans la *Gazette des architectes* (1872, p. 163), sous la signature de G. Lecomte, l'expert si autorisé auquel nous avons déjà fait des emprunts : « Les charges se prescrivent par dix ans, selon la Coutume, et par dix ans ou par trente ans depuis la promulgation du Code civil, selon les articles 2262 et 2263. » L'érudit commentateur affirme, dans ces lignes, que le délai de prescription est de dix ans, d'après la Coutume, et nous croyons compléter sa pensée en disant que c'est dans ce délai de dix ans que doit être établi le compte de la charge. A la suite de cette affirmation, qu'il corrobore par la citation du Code fixant aussi ce délai à dix ans, il ajoute : « ou par trente ans », ce qui signifie bien que le compte, établi dans les dix premières années, doit être payé dans un délai de trente ans, faute d'être prescrit, comme toute dette établie par un titre.

Observation sur ces délais de prescription. — Nous serions tenté de trouver bien longs ces deux délais de prescription, et notre pensée personnelle serait qu'au lieu de s'ajouter l'un à l'autre, le second devrait comprendre le premier. Il nous semble que, si l'on a dix ans pour établir le compte de l'indemnité de charge, on devrait, pour exiger son payement, être limité à trente ans, non pas du jour de cet établissement de compte, mais depuis l'époque de surélévation du mur; car c'est de ce moment que se constitue la dette même de l'indemnité de charge. Telle serait l'interprétation la plus conforme à la logique et à l'équité; nous n'osons pas affirmer que les textes de la Coutume et du Code civil justifient cette opinion; nous ne l'émettons donc que sous forme d'un vœu que les législateurs pourront étudier dans la revision plus ou moins prochaine du Code civil. D'ailleurs, ce délai qui peut, aux yeux du légiste, ne pas paraître excessif, semble à l'architecte être bien long, en raison des difficultés pratiques qu'il rencontre pour reconnaître, même à bref délai, des exhaussements successifs.

Exemple : A était acquéreur d'un immeuble désigné à son titre, en ce qui concerne le bâtiment litigieux : un rez-de-chaussée à l'usage de remises et écuries, surmonté d'un grenier mansardé. B, sans contester le principe de la surcharge due par suite de son exhaussement de $1^m,50$, prétendait que l'héberge de l'auteur de A montait dans le principe jusqu'en v et avait été modifiée pour être portée en x par suite d'une transformation de grenier mansardé, dont le notaire n'avait pu se rendre compte en établissant sa désignation d'après un titre ancien. Il montrait sur un pignon au fonds de A une trace y d'héberge tracée jadis, selon sa thèse, mais démolie depuis. Cette manière de voir était combattue par A, qui déclarait que la trace en question faisait partie d'un ancien corps de bâtiment complètement séparé de celui qui faisait l'objet du litige, et que sa largeur n'était pas la même. Aucun témoignage de tiers ne pouvait être recueilli ; aucune demande d'alignement, avec dessins à l'appui, n'avait été adressée à l'administration à cause de la retraite du bâtiment par rapport à la voie publique ; bref, la preuve ne pouvait être établie ni dans un sens ni dans l'autre, et les présomptions inverses s'excluaient l'une l'autre. Pour trancher le différend, nous l'avons divisé en deux parties : 1° la partie au-dessus de x ne pouvait être contestée, et était comme surcharge, selon notre précédente formule (page 18), évaluée à $h\,e\,l\,c\,s = 185$ fr. 84 ; 2° la partie de $1,40 \times 8,00$ qui, comme surcharge, donnait lieu à 12 fr. 64, mais alors cette partie non mitoyenne devait être acquise par le propriétaire qui s'y serait adossé moyennant 63 fr. 20, soit une différence de $63,20 - 12,64 = 50$ fr. 56. En imposant donc à l'un quelconque des deux voisins cette somme de 50 fr. 56, nous nous exposions à une erreur au profit de l'autre. Nous avons pensé qu'en l'absence des preuves désirables, et vu le peu d'importance de la somme accessoire, nous ne pouvions mieux faire que de proposer, à titre de cote mal taillée, de partager en deux la somme litigieuse, en faisant payer par B à A : 1° la somme de 185 fr. 84, 2° la moitié de la somme douteuse, 25 fr. 28, soit 211 fr. 12, avec partage des frais de l'expertise, dont la sentence a paru contenter les deux voisins.

Mais nous-même n'étions qu'imparfaitement satisfait de cette solution, certainement entachée d'une erreur. On aurait

pu l'éviter si les deux voisins, sans pouvoir alléguer la prescription dans un sens ou dans l'autre, n'avaient pas laissé disparaître les traces relatives à leurs droits et les témoignages capables d'apporter la lumière en l'espèce.

Cet exemple suffit à établir combien sont difficiles à fournir les preuves des éléments relatifs aux charges et mitoyennetés quand un délai, même minime, a séparé la confection de l'exhaussement et la réclamation de l'indemnité due. La prescription, au lieu d'être trentenaire, doit être diminuée le plus possible. Il serait désirable qu'elle fût limitée à cinq ans, dix au plus.

Nous terminerons ce qui concerne la prescription en disant que le délai de dix ans commencera du jour où l'exhaussement sera terminé. Nous n'envisagerons pas l'hypothèse où un voisin ferait, intentionnellement ou non, durer son travail pendant un temps manifestement plus long qu'il n'est nécessaire ; cette lenteur d'exécution se rencontrerait peu vraisemblablement à Paris et dans les grandes villes, où l'on sait apprécier la valeur du temps : *time is money;* nous le mentionnons donc plutôt pour les campagnes ; mais nous pensons que tout expert, nommé par référé, exigerait la rapidité des opérations ; sa mission pourrait être étendue à l'exécution de l'exhaussement, sans interruption.

§ XI. — CONCLUSIONS.

Nous avons, dans notre introduction, démontré que le Code civil, comme la Coutume de Paris et d'autres coutumes provinciales, avait été l'objet d'interprétations en différents sens, et que plusieurs articles avaient besoin de modifications en raison des progrès de l'industrie et des courants variables d'opinion. Des changements de rédaction, notamment pour les questions de mitoyenneté et de surcharge, s'imposent pour l'époque plus ou moins prochaine ou il sera remanié.

En traitant les principales parties de la question, encore peu étudiée, de l'indemnité de charge, nous avons signalé quelques abus résultant d'usages plus ou moins léonins ; nous avons indiqué les moyens d'arriver à la solution qui, sans être contraire aux prescriptions, s'appuie sur la logique et l'équité, surtout dans les cas sur lesquels la jurisprudence, d'une part, n'a pas encore eu à se prononcer, et les commentateurs, d'autre part, n'ont pas encore formulé d'opinion. Ce mutisme des lois ou de leurs commentataires nous a entraîné dans des digressions qui pourront être contestées. Nous serions heureux de reconnaître nos erreurs si une polémique vient à nous montrer que nous nous sommes trompé, et attendons, avec désir de les examiner sans esprit de parti, les observations qui nous seraient présentées dans le journal l'Architecture.

Nous résumerons notre étude en deux parties :

Conséquences des lois et de leurs commentaires. —
1° L'indemnité de tout exhaussement de mur séparatif en pierre, meulière, moellon, brique pleine ou creuse, plâtras, pisé, torchis, etc., doit être calculée en prenant pour base le prix d'un poids de maçonnerie en moellon égal à celui des matériaux employés.

2° Le prix du moellon servant de base à l'évaluation de l'indemnité de charge est celui du moellon neuf, d'après la Série des prix publiée pour l'année où est fait l'exhaussement, même s'il est fait en vieux matériaux.

3° Par mesure de sécurité, il est interdit d'effectuer en pans de bois ou de fer l'exhaussement du mur séparatif ; mais, pour le passé, tous exhaussements de ce genre qui auraient été admis doivent être comptés comme surcharge d'après la base précédente.

4° Le poids des planchers, combles, etc., bien que chargeant le mur séparatif, ne doit pas figurer au compte de surcharge.

5° L'indemnité de charge doit être payée chaque fois que la réfection du mur mitoyen à frais communs entraîne celle de l'exhaussement.

6° Le délai de prescription pour l'établissement du compte de surcharge est de dix ans (et, par exception, de vingt ans, si le propriétaire qui doit le réclamer habite en dehors de la Cour d'appel où est situé son immeuble), comptés depuis l'exhaussement du mur ; le délai pour le payement dudit compte est de trente ans à dater du titre constituant la dette de cette indemnité de charge (voir le vœu ci-dessous).

Vœux de réglementations relatives à la surcharge conformément à la logique et à l'équité. — *1° Le coefficient de charge, fixé par la Coutume de Paris à un sixième de la hauteur de l'exhaussement, puis par l'usage actuel à une quantité variant du sixième au douzième, serait réduit du dixième au vingtième, selon l'état du mur inférieur.*

2° Les délais de prescription, fixés à dix ans (et à vingt ans dans le cas exceptionnel ci-dessus) pour l'établissement du compte de surcharge et à trente ans pour le payement de ce compte, seraient abrégés en ce sens que l'indemnité de charge, ayant de fait son origine à la confection de l'exhaussement, devrait être réclamée dans le délai de trente ans à dater de cet exhaussement, et non de l'établissement du compte, bien qu'un délai de dix ans soit accordé pour cet établissement et pour la reconnaissance de la dette qui en résulte. Il pourrait même être réduit à un total de cinq ans, par analogie avec celui fixé pour la perception d'une rente, d'un loyer, etc.

Nous espérons que la Commission nommée par notre Société centrale des architectes français pour reviser son **Manuel des lois du Bâtiment** voudra bien proposer à notre Compagnie, dont la compétence en matière de jurisprudence du bâtiment a si souvent été reconnue par les tribunaux, de vouloir bien consacrer par son approbation les conclusions que nous avons eu l'honneur de lui soumettre.

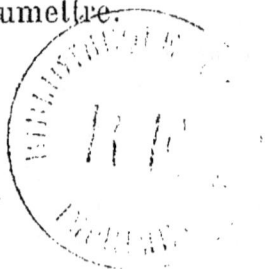

TABLE DES MATIÈRES

FIN